Titre original:
101 questions pour exploser tes limites

© Antoine Rudi, 2020
© Avec l'aide de Dominique Cour
© Illustré par Tiffanie Vinard

Numéro ISBN:9798642193051
Marque éditoriale: Independently published
Dépôt légal: Mai 2020

101
QUESTIONS POUR EXPLOSER TES LIMITES

Antoine Rudi

À PROPOS

Antoine Rudi est un polymathe. La polymathie caractérise une personne qui a des connaissances approfondies dans des domaines qui n'ont pas de liens apparents. Après une dizaine d'années passées dans l'industrie en tant qu'ingénieur, il décide de poursuivre sa carrière d'artiste et compose la musique de plusieurs spectacles. Coach vocal, il accompagne des milliers de chanteuses et chanteurs amateurs ou prestigieux. Au cours des plus de 4 000 coachings dispensés, il apprend à « lire » ses semblables.

Soucieux d'aider au mieux ses clients, il plonge tête baissée dans le développement personnel et le marketing qu'il étudie assidûment. Il collabore avec des chefs d'entreprise multimillionnaires. Actuellement, il coache des entrepreneurs à succès pour les aider à dépasser leurs limites, tant sur un plan professionnel que personnel.

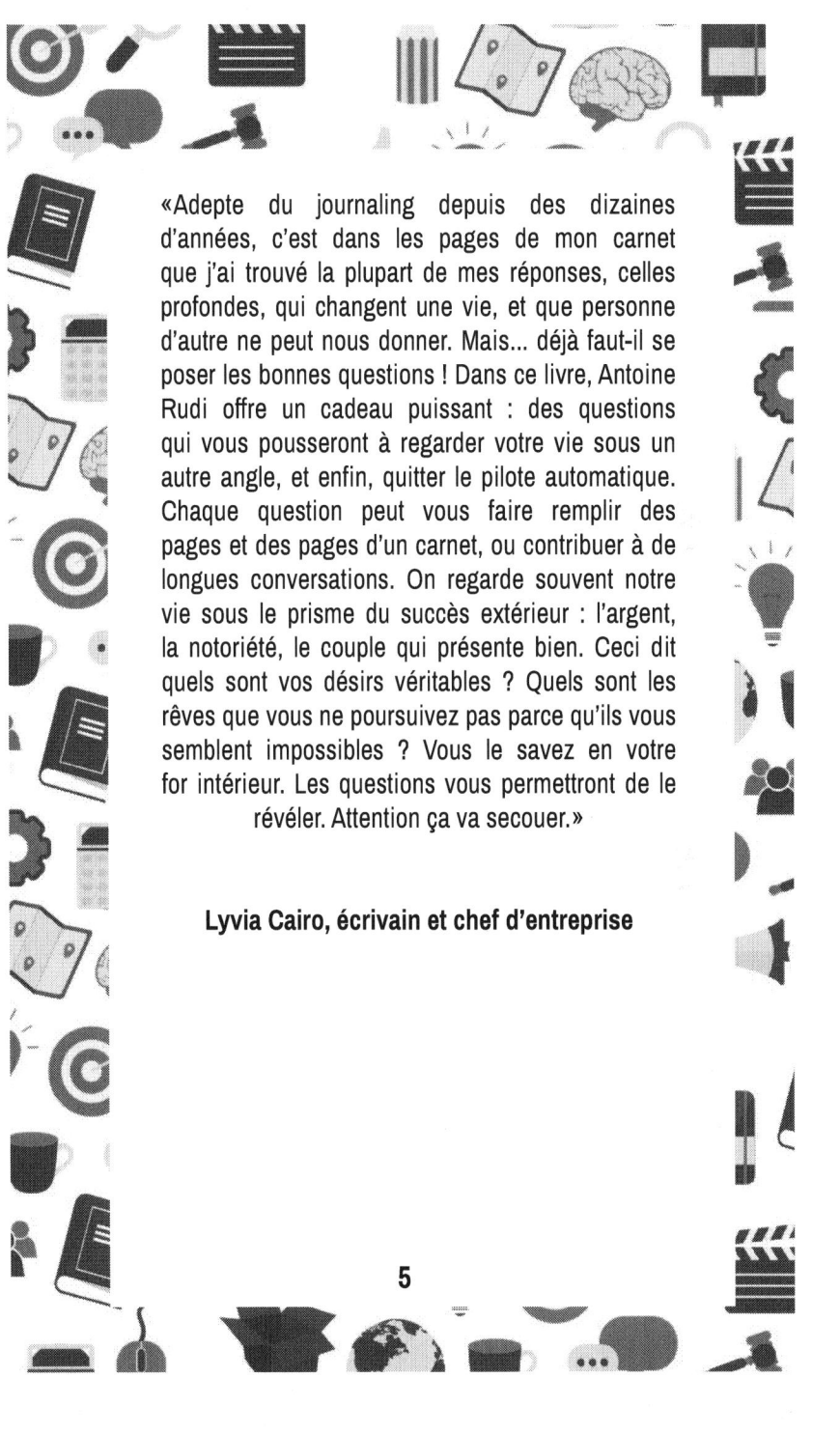

«Adepte du journaling depuis des dizaines d'années, c'est dans les pages de mon carnet que j'ai trouvé la plupart de mes réponses, celles profondes, qui changent une vie, et que personne d'autre ne peut nous donner. Mais... déjà faut-il se poser les bonnes questions ! Dans ce livre, Antoine Rudi offre un cadeau puissant : des questions qui vous pousseront à regarder votre vie sous un autre angle, et enfin, quitter le pilote automatique. Chaque question peut vous faire remplir des pages et des pages d'un carnet, ou contribuer à de longues conversations. On regarde souvent notre vie sous le prisme du succès extérieur : l'argent, la notoriété, le couple qui présente bien. Ceci dit quels sont vos désirs véritables ? Quels sont les rêves que vous ne poursuivez pas parce qu'ils vous semblent impossibles ? Vous le savez en votre for intérieur. Les questions vous permettront de le révéler. Attention ça va secouer.»

Lyvia Cairo, écrivain et chef d'entreprise

Introduction

Alors que je suis en train de scroller sur Instagram, je vois la publicité d'une entrepreneure américaine qui vante son livre de journaling, qui commence par « *100 questions de journaling pour...* ». Je ne clique pas sur le lien, je ne lis pas ce livre, mais j'ignore pourquoi, son idée me séduit. Cette nuit-là, c'est la pleine Lune en Vierge (mon signe astrologique). Je ne dors pas, ou mal.

Soudain, tout s'éclaircit dans ma tête : **Quel est l'outil de transformation le plus puissant que j'utilise en coaching avec mes clients ?** Les questions, pardi ! De la qualité de mes questions dépend la qualité de leurs réponses et leur saut sur le chemin d'une nouvelle vie. Une question puissante peut créer un bouleversement tel dans le cerveau, que c'est tout un champ de nouveaux paradigmes qui peut s'offrir à nous, alors que quelques minutes plus tôt tout n'était qu'impasses.
Le plus incroyable c'est qu'il ne suffit que d'une seule question. D'une fraction de seconde pendant laquelle le cerveau connecte tous les points d'une longue histoire jusqu'alors dénuée de sens, en apparence. Et si je pouvais offrir au monde une liste de questions essentielles ? Celles-là mêmes qui apportent de telles transformations dans la vie des clients que j'accompagne en coaching.

Ces questions sont mon obsession depuis l'enfance. Petit déjà, mes parents me disaient « *arrête de te poser tant de questions !* ». Sans savoir qu'un jour mon métier serait de poser des questions. Poser la bonne question. Celle qui peut changer une vie.

La plupart du temps, te poser la question est déjà plus efficace que la réponse en elle-même. Chercher la réponse à une question, c'est comme allumer la lumière dans une pièce qu'on n'aurait pas visitée depuis longtemps. Comme dans un vieux grenier dans lequel tu vas découvrir plein de trésors à la lumière d'une question.

Je m'applique régulièrement le processus à moi-même. En faisant cela, j'ai compris qu'enfant et adolescent, mon trop plein d'énergie était dépensé quotidiennement par le biais du sport, qui m'était indispensable pour trouver l'équilibre. Mon actuelle vie sédentarisée a donc eu pour conséquence de me laisser dans une impatience tiède, bouleversant cet équilibre. J'ai donc décidé de reprendre le sport à la hauteur de l'intensité que j'avais connu toute mon enfance.

De telles questions m'ont permis d'en prendre conscience, d'identifier ce manque ainsi que d'autres, tels que de bons moments passés avec certains amis, à tort délaissés. J'ai ainsi pu renouer ce lien précieux avec eux.

Ce ne sont que quelques exemples personnels. Il n'est pas rare qu'une personne que j'accompagne fonde en larmes suite à une simple question. Quand le cœur est touché, je sais que nous sommes à la croisée des chemins de la vie. Suite à cela, cette personne est libre de prendre le virage ou non. Mais quoi qu'il en soit, la question lui aura proposé une vision alternative. Il est vraiment important que tu sois à ton écoute : tes sensations, les sentiments que tu exprimes sont d'excellents indicateurs lors de ton questionnement.

Ventre tiraillé, poitrine serrée, gorge nouée, bouche sèche, instabilité posturale sont d'indéniables indicateurs: c'est grâce à eux que tu pourras identifier la question qui te challenge. Cette question est exactement celle qu'il te fallait. Tu peux aussi faire face à une montée de larmes ou, à l'inverse, une impassibilité totale. Dans ce cas, il s'agit simplement d'un mécanisme de protection bien rodé qui empêche l'accès à tes émotions: la réponse n'est pas acceptable, ou trop douloureuse. Chacun a son chemin à faire et le rythme de cette ascension est propre à chacun, donc ne t'inquiètes pas et laisse faire. Parfois on s'accroche avec tant de force à la réalité que l'on s'est créée qu'il est difficile de remettre en questions certaines choses.

J'ai découvert que tenir ce n'est des fois rien d'autre que lâcher. **La première chose que l'on peut lâcher et qui bouleverse une vie ?** Le rôle de victime que l'on prend.

Combien de fois par jour, par semaine, il te prend de penser: « *Ça n'arrive qu'à moi.* », « *Et voilà, c'est "ENCORE" pour ma pomme...* » ?

La réalité est bien souvent toute autre. Statistiquement, il nous en arrive autant qu'aux autres, mais les processus de sélection, distorsion et généralisation des faits nous amènent à ce genre de pensées. Accepter de lâcher le rôle de victime que l'on s'est donné (pour tout un tas de bonnes raisons) permet de prendre du pouvoir sur notre environnement.

> Victime: Je me plains toute la journée de payer trop d'impôts.

> Je prends mon pouvoir sur les choses : j'engage un avocat fiscaliste pour voir comment optimiser ma fiscalité.

> Victime: Mon appartement est ignoble et mes voisins aussi.

> Je prends mon pouvoir sur les choses : Je commence à chercher le nouveau nid de mes rêves dans les petites annonces.

Ce qui nous fait dire : « *C'est encore à moi que ça arrive* » peut simplement être une norme pour d'autres personnes. **Accepterais-tu de te lever le matin de ton lit et de t'écrouler dans les escaliers ? Puis de prendre ton café et t'écrouler encore deux fois avant d'atteindre la machine ?** (Je continue ?) Et pourtant, voilà comment tu as appris à marcher ! Les bébés acceptent autant d'échecs parce que marcher est à leur stade la clé d'une nouvelle autonomie.

Ainsi si tu commences à regarder les aléas de la vie comme de nouvelles occasions de "ré apprendre à marcher", il se pourrait bien que des choses commencent à changer pour toi.

Les questions qui vont suivre te bousculeront peut-être, pour certaines. Je te propose alors de prendre cela comme un test pour vérifier si tu tiens vraiment sur tes deux jambes. Et encore une fois, je t'invite à être à l'écoute de ce qui te crée de l'inconfort.

À ce propos : fais le avec bienveillance. Ne te juge pas. Des questions seront faciles, d'autres moins.

Accueille ce qui vient et fais toi confiance pour la suite.

Commment consommer ce livre

un

Tu peux te bloquer un week end entier en mode immersion avec toi-même. À la Bill Gates quand il se coupe du monde pour réfléchir en profondeur sur l'avenir de Microsoft.
Tu ne parles à personne, ne vois personne. Juste toi et tes 101 questions. Clairement tu seras une personne différente à la fin de ce week end car ton niveau de questionnement aura fait un bond et surtout ton niveau de connaissance de toi sera infiniment plus grand.
Sûr qu'il y aura un "avant" et un "après".

deux

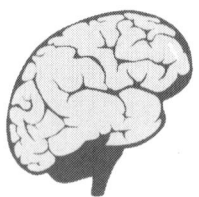

Tu peux picorer dans le livre. Les questions ont volontairement été placées dans un ordre aléatoire et ça fonctionne très bien comme cela. Mais attention : qui dit picorer ne dit pas répondre à la va-vite.
Tu peux piocher au hasard les questions ici et là mais tu dois t'engager à y répondre en profondeur.
J'ai remarqué que répondre à ce genre de questions est d'un grand réconfort quand on se sent désemparé par une situation que l'on ne contrôle pas ou que l'on est un peu perdu.

trois

Tu peux te poser une question chaque jour et écrire dessus si tu pratiques le journaling.
Si tu as déjà une petite routine quotidienne de journaling tu peux tout à fait écrire chaque jour en réponse à l'une des 101 questions.
Te voilà ainsi avec plus de 3 mois d'introspection en perspective.

cinq

À deux : en couple, en binôme.
Cela peut être un exercice très sympa, mais attention : fais le en connaissance de cause.
Apprendre à mieux connaître l'autre en répondant chacun votre tour aux questions peut autant vous rapprocher, soudés par des convictions communes, que vous éloigner. Répondre en profondeur à certaines interrogations peut parfois révéler une part de nous qui pourrait ne pas plaire à l'autre.
Ce questionnement est un outil très puissant pour souder les couples mais également pour rapprocher les membres d'une même équipe.
La seule règle est de n'imposer à personne de répondre aux questions.
La non-réponse étant déjà extrêmement riche d'enseignement sur les difficultés auxquelles le non répondant doit faire face.

quatre

Tu peux te faire un bilan annuel en balayant ce livre une fois par an pour voir comment tu as avancé au cours de l'année précédente.
Il peut être très puissant de se reposer annuellement le genre de questions contenues dans ce livre.
En effet, la manière dont tu y réponds aujourd'hui dépend complètement de qui tu es à l'heure de ces questions.
Le nouveau toi de l'année prochaine aura sans doute des réponses plus abouties sur certains points ou plus nuancées sur d'autres.
C'est un très bon rituel à renouveler chaque année.
Petite astuce : ne relis surtout pas tes réponses de l'année précédentes avant de répondre à nouveau aux questions. Fais le plutôt après, ce qui te permettra de mettre en contraste tes nouvelles réponses avec celles de l'année d'avant.

Comment utiliser

Première méthode:
L'interrogatoire façon CIA.

Tu vas te poser (ou te faire poser) la question 5 fois de suite. Pourquoi ? Parce que si tu t'inventes une réponse "bidon", une "excuse" ou autre, ton cerveau aura du mal à maintenir ta version des faits 5 fois de suite. Question de cohérence. Ou alors tu vas tellement faire de grimaces que ton interrogateur le verra.

Exemple avec la 1ère question

Q1: Quel est ton plus grand rêve ?

R1: Je veux être millionnaire

Q2: Quel est ton plus grand rêve ?

R2: Je veux être millionnaire

Q3: Quel est ton plus grand rêve ?

R3: Je veux être millionnaire

Q4: Quel est ton plus grand rêve ?

R4: Je veux offrir à mes enfants la vie qu'ils méritent.

Q5: Quel est ton plus grand rêve ?

R5: Je voudrais faire un tour du monde avec ma famille.

ce livre en mode expert

Tu vois dans cet exemple que finalement, le répondant n'a absolument pas besoin d'être millionnaire pour faire plaisir à ses enfants. C'est une fausse croyance qui au contraire pourrait bien l'éloigner de ses enfants s'il s'accroche à son million. De plus, son rêve est peut-être déjà accessible d'ici quelques mois, car nul besoin d'attendre d'être millionnaire pour faire ce tour du monde.
Cette méthode est extrêmement puissante si tu es du genre à te raconter des histoires ou à t'inventer des excuses. (Je te rassure, je le fais aussi.) La manière la plus puissante étant de le faire à deux pour ne pas te permettre de te désister.

Deuxième méthode
Les 5 pourquoi de la méthode LEAN

Cette méthode utilisée dans la réalisation des arbres des causes de défaillance pour des sujets sensibles est également très puissante. Il va s'agir de te poser 5 fois la question "Pourquoi" après chaque réponse.
En effet, nous sommes tellement conditionnés à vouloir répondre vite à une question (vieux réflexe scolaire), que la vitesse va primer sur la qualité de la réponse. Re-demander "Pourquoi ?" va permettre au cerveau de passer des paliers pour obtenir la vraie réponse, ou en tout cas une réponse bien plus profonde.

Reprenons notre exemple avec la 1ère question

Q1: Quel est ton plus grand rêve ?

R1: Je veux être millionnaire

Q2: Pourquoi ?

R2: Je veux offrir à mes enfants la vie qu'ils méritent

Q3: Pourquoi ?

R3: Parce que parfois j'ai l'impression de les délaisser

Q4: Pourquoi ?

R4: Parce que je passe beaucoup de temps au travail.

Q5: Pourquoi ?

R5: Parce que je veux faire prospérer mon activité.

Q5: Pourquoi ?

R5: Parce que je veux être Million.. BUG.

Tu vois, dans ce cas, la personne se tue à la tâche pour obtenir quelque chose dont elle se prive, en se tuant à la tâche justement.

Cette méthode est extrêmement puissante quand il s'agit de creuser en profondeur dans ta réflexion. Quand je l'utilise en coaching, j'adore ce moment où le cerveau court-circuite. Parce que je sais que juste après s'en vient une énorme prise de conscience salvatrice.

Comment ne tirer aucun profit de ce livre

Parcourir cette liste en se disant : « *Ouais bof, rien de bien transcendant là-dedans.* ». Comme le disait un de mes coach : « *Tu ne sais pas ce que tu ne sais pas.* ».

C'est tellement vrai que c'est ce qui nous fait passer à côté de grosses pépites pendant parfois de nombreuses années. Si tu sais que tu dois apprendre l'anglais pour travailler à l'international, tu peux t'inscrire à des cours et mener cette vie. Mais si tu savais tout ce que tu as à savoir pour vivre la vie de tes rêves, tu la vivrais déjà probablement.

Ces questions ont pour but de te faire gratter la terre que de nouvelles pousses attendent juste de percer pour faire grandir tes rêves les plus fous. Ne néglige pas la puissance de ces questions. L'écueil serait de les survoler **"vite fait bien fait"** comme on survole la plupart des points importants de sa vie. Il est intéressant de voir le temps que l'on peut passer à se demander quel film on va aller voir alors qu'on ne prend pas 5 minutes pour se poser la question de la direction où l'on veut mener sa barque.

Alors dans le pire des cas, si tu n'en fais rien, ne laisse pas ce livre prendre de la place dans tes étagères et offre le illico à quelqu'un. Surtout, ne lui dit pas que ce livre n'a pas su t'aider, sinon tu induirais immédiatement un biais cognitif qui l'empêcherait d'en tirer profit au mieux.

Dernières précisions

J'ai travaillé avec des coachs dont certains facturent jusqu'à un million d'euros leurs accompagnements. (Oui oui, le chiffre 1 avec six zéros derrière).

Ce que j'ai pu observer parmi les coachés c'est que peu importe ce qu'ils ont payé en réalité. Les changements qu'ils ont apporté à leur vie ne tiennent qu'à leur seule volonté de changement. D'ailleurs, si tu n'as aucune ouverture au changement, tu peux arrêter ta lecture ici. Évoluer, s'améliorer, aller mieux, passent par le changement. Ce que tu vis aujourd'hui, ce que tu ressens aujourd'hui est le reflet de qui tu es aujourd'hui. Ce que tu voudrais être demain demande que tu deviennes le nouveau toi capable de créer et vivre cette vie.
« Oui mais Antoine, il y a plein de circonstances extérieures qui influent sur ce que je ressens aujourd'hui. »
Oui c'est vrai.

Mais est-ce que ce sont vraiment les évènements extérieurs ou ta manière de les vivre qui influent sur ce que tu ressens ? Car demain, dans une vie "idéale" le monde ne s'arrêtera pas de tourner. Il y aura encore des conflits, des amis, des ennemis, des maladies…
Peut-être que la personne que tu as besoin de devenir est justement celle qui sait décider de comment elle se sent, indépendamment de ce que pourraient lui imposer les évènements extérieurs. C'est toi qui décides de comment tu veux vivre ta vie, aussi dure puisse-t-elle te paraître.

Et il en est de même avec ces questions : c'est toi qui décides de jouer le jeu, explorer ou au contraire bloquer et ne pas répondre. Ce choix ne m'appartient pas, quoique j'écrive dans ce livre. (Et c'est tant mieux : qui serais-je pour vouloir décider de comment tu dois te sentir ?)

Alors si tu décides de jouer le jeu : c'est parti !

Quel est ton plus grand rêve ?

Qu'est-ce qui t'empêche de dormir la nuit ?

Si tu pouvais crier là, tout de suite, que crierais-tu ?

À quoi ressemble ta journée idéale ?

Que ferais-tu de ta vie si tu ne devais jamais mourir ?

Pour quelle chose n'as-tu jamais le temps ?

As-tu de la rancoeur envers quelqu'un ?

À quoi sais-tu que tu as passé une bonne journée ?

Qu'est-ce qui te révolte dans la vie ?

Quelle est la première chose que tu as vue en ouvrant les volets ce matin ?

Penses-tu que tu mérites ce que tu as dans la vie ?

Quelle est la dernière fois où tu t'es trouvé beau ou belle ?

Si tu devais nommer les chaînes invisibles qui t'ont empêché jusqu'ici d'exprimer ton plein potentiel, quelles seraient-elles?

Quand as-tu toi-même jugé quelqu'un d'autre pour la dernière fois ?

Quelle est la dernière chose que tu aies vraiment désirée ?

Qu'est-ce que tu ne t'autorises pas à faire dans ta vie ?

Qu'est-ce que tu aimerais que les gens disent à ton sujet ?

Quand as-tu eu des larmes de joie pour la dernière fois ?

Qu'est-ce que tu t'es forcé à faire pour faire plaisir, mais dont tu n'avais pas envie ?

Quand t'es-tu senti vraiment seul ?

Quelles leçons la vie t'a-t-elle enseignées jusqu'à ce jour ?

Quand as-tu fait de l'exercice physique pour la dernière fois ?

À qui penses-tu que tu devrais demander pardon aujourd'hui ?

Combien de pensées négatives as-tu eues aujourd'hui ?

Avec qui cela te ferait un immense plaisir de déjeuner ce midi ?

Nous sommes dans cinq ans : Où en est ton business ?

Qui t'es-tu forcé à voir récemment ?

À qui as-tu dit oui récemment ?

Pour qui es-tu un modèle ?

Es-tu satisfait(e) de ton niveau d'énergie actuel ?

Quel grand conseil voudrais-tu laisser aux enfants qui naîtront dans mille ans ?

Imagine que le maître du temps t'accorde deux heures supplémentaires par jour, qu'en ferais-tu ?

Quelle nouvelle habitude as-tu mise en place avec succès cette année ?

Que regrettes-tu le plus dans ta vie aujourd'hui ?

Que ferais-tu si tu ne devais plus vivre qu'une année ?

Comment utiliserais-tu l'argent d'un compte en banque illimité ?

Qu'est-ce que cela pourrait changer dans ta vie de savoir que tu vas vivre jusqu'à 120 ans ?

Quelle est la personne que tu peux appeler à 2 heure du matin si tu as envie de parler?

À qui voudrais tu demander pardon ? (vivant ou non)

Si tu pouvais voyager dans le passé, à l'âge de 10 ans, et te donner un conseil, quel serait-il ?

« Et si tel que tu es aujourd'hui,
tu étais assez ? »

— Antoine Rudi

Quelle décision inhabituelle as-tu prise récemment ?

À qui as-tu rendu service avec bon cœur récemment ?

Avec qui as-tu eu ton dernier fou rire ?

Quelle personne accueillerais-tu chez toi bien volontiers, sans condition, si elle se trouvait dans une situation compliquée ?

Quand as-tu appelé un proche pour la dernière fois ?

Quelle est la dernière fois où on t'a dit que tu étais beau ou belle ?

Quelle est la tâche que tu t'obliges à faire, malgré aucune envie ?

Quelle est la première personne que tu as vue en ouvrant les yeux ce matin ?

Que voudrais-tu voir marqué sur ton épitaphe ?

À quand remontent tes dernières vacances ?

Que ferais-tu d'un million d'euros à dépenser dans la semaine ?

Quel niveau d'énergie voudrais-tu avoir à 80 ans ?

Quand t'es-tu vraiment senti entouré ?

Combien de fois as-tu pensé que tu étais nul aujourd'hui ?

Quelle est la personne la plus importante sur cette terre ?

Quelle est la personne que tu admires le plus au monde ?

Où rêves-tu de pouvoir aller un jour?

Comment utiliserais-tu l'argent d'un compte en banque illimité après avoir acheté tous les accessoires et babioles qui te faisaient rêver jusqu'à présent ?

Quand t'es-tu senti jugé(e) par les autres, pour la dernière fois ?

Si tu devais expliquer à un enfant ce qu'est "vivre une belle vie", que lui dirais-tu ?

Quelle nouvelle habitude/résolution n'as-tu pas réussi à tenir cette année ?

Nous sommes dans un an, tu fêtes ton anniversaire : avec qui es-tu ?

La dernière fois que tu as blessé quelqu'un, qu'est ce qui t'animait ?

Que désires-tu le plus au monde ?

Quelles actions as-tu différées/remises à plus tard cette semaine ?

À qui as-tu donné le sourire aujourd'hui ?

Pour quelle activité trouves-tu toujours le temps quoiqu'il arrive ?

Que regretterais-tu le plus avant de quitter cette terre ?

Une crise économique sans précédent a réduit à néant toutes tes économies et ton entreprise. Tu repars à zéro : quel est ton plan d'action ?

Quelles erreurs ne voudrais-tu jamais refaire ?

Que ferais-tu si tu étais le nouveau Dieu et que tu avais la responsabilité de toutes les âmes sur terre ?

Que fais-tu quand tu as enfin terminé tout ce que tu avais à faire dans ta journée ?

À qui as-tu dit non récemment ?

Quand tu tardes à faire quelque chose, qu'est-ce qui te pousse à le faire ?

Jusqu'à quel âge, au minimum, voudrais-tu vivre ?

À quelle question voudrais-tu avoir la réponse avant de mourir ?

Tu as échappé de justesse à la mort, la vie a décidé de te donner une seconde chance : quelles sont les 5 choses que tu vas faire différemment désormais ?

Dans quel lieu as-tu ressenti une joie intense pour la dernière fois ?

Quand as-tu ressenti une grande gratitude ?

Quelle est la dernière fois où tu as pleuré de tristesse ?

Qui rêverais-tu de rencontrer au moins une fois dans ta vie ?

Pour quelle cause serais-tu prêt à te battre ?

Fais-tu facilement confiance aux autres ?

À qui voudrais-tu dire que tu l'aimes ?

Quand as-tu suivi ton intuition en réalisant ensuite que tu avais bien fait ?

À quoi sais-tu que tu vas passer une bonne journée ?

Avec qui te sens-tu vraiment libre d'être toi-même ?

Avec quel(s) proche(s) disparu(s) voudrais-tu pouvoir avoir une conversation, si cela était possible ?

Qu'est-ce qui te peinerait qu'on dise de toi dans ton dos ?

Que rêverais-tu d'inventer qui n'existe pas aujourd'hui ?

Quelle situation t'as déjà mis(e) hors de toi ?

Quelle est la tâche que tu repousses depuis trop longtemps ?

Qu'as-tu fait de différent cette semaine par rapport à la semaine dernière ?

Si ton compte en banque était illimité, quelle somme d'argent serais-tu prêt à donner pour obtenir ce que tu désires le plus ?

Quelle est la dernière fois où tu as eu vraiment peur ?

As-tu confiance en toi ?

Quel message voudrais-tu laisser à tes descendants qui naîtront dans 100 ans ?

Es-tu en paix avec tes parents ?

Quelles personnes t'ont donné le sourire aujourd'hui ?

Si tu pouvais parler à une personne disparue, que lui demanderais-tu ?

À qui crois-tu que tu ferais du mal si tu vivais vraiment tes rêves ?

« Sois une lumière pour les autres et
tu ne vivras plus
jamais dans l'ombre »

— Antoine Rudi

Conclusion

J'espère que tu as pris du plaisir à répondre à ces questions, même si certaines ont pu te bousculer.

Encore une fois, je ne prétends pas tout résoudre avec ces questions. Ni prophète, ni gourou, je te les livre comme des outils de coaching dont j'ai pu constater avec les années qu'elles pouvaient changer une vie.

On peut avoir peur de ce qu'il y a derrière la colline. On peut douter qu'il existe quelque chose derrière cette colline, douter même de pouvoir la gravir. Une chose est sûre : seuls ceux qui entreprendront le voyage en auront le cœur net.

Je te le redis une dernière fois : tu n'as aucune idée de ce que tu peux réellement faire dans ta vie et ce n'est qu'en explorant tes limites que tu pourras les repousser. Faire du mieux que tu peux n'est pas une solution en soi, car *"le mieux que tu peux"* te limite à ce que tu fais déjà. Tandis que te dépasser, c'est aller explorer une zone qui est au-delà de tes limites. Ce nouveau territoire fixera tes nouvelles limites : c'est là que se trouve la croissance. Je t'assure que prendre cette habitude d'aller explorer ces nouveaux territoires régulièrement va te faire revoir tous tes rêves et objectifs à la hausse.

Ce qui est fabuleux dans ce travail c'est que quand tu vas évoluer, tout va se mettre à bouger autour de toi. Partenaire de vie, amis, familles, ils vont eux aussi se mettre à voir les choses autrement à ton contact. Sans que tu n'aies rien à leur dire d'ailleurs. Vis ta vie à ton image, fais les choses qui t'inspirent et tu inspireras ceux que tu aimes à en faire de même.

Tu peux vouloir refaire les exercices plusieurs fois comme je te le proposais dans la notice d'utilisation. Pour t'aider tu vas pouvoir télécharger la liste des 101 questions au format pdf.

Rends toi sur le site :
https://www.firstclassentrepreneurs.com/bonus101

Si tu veux encore plus de résultats pour ta vie, ton entreprise, tu pourrais avoir envie de faire ce travail en coaching. Mais je dois te prévenir, car il y a plusieurs prix à payer. Le premier est la valeur monétaire de mon accompagnement qui vaut plusieurs milliers d'euros. Le deuxième c'est le coût du changement. Changer n'est pas facile.
Il faut accepter d'abandonner son ancienne identité pour enfiler les habits d'un *"nouveau soi"* plus confiant et plus puissant. Ce n'est pas une chose aisée et c'est vrai que cela pourrait être plus facile pour toi en étant accompagné.

Si tu as la forte volonté de vouloir donner un tournant à ta vie alors tu peux candidater à l'un de mes programmes de coaching.

Envoie un mail à mon équipe à l'adresse suivante :
formation@firstclassentrepreneurs.com

Indique en objet du message : *"J'ai lu le livre"*, en précisant tes motivations et tes coordonnées pour être recontacté.

REMERCIEMENTS

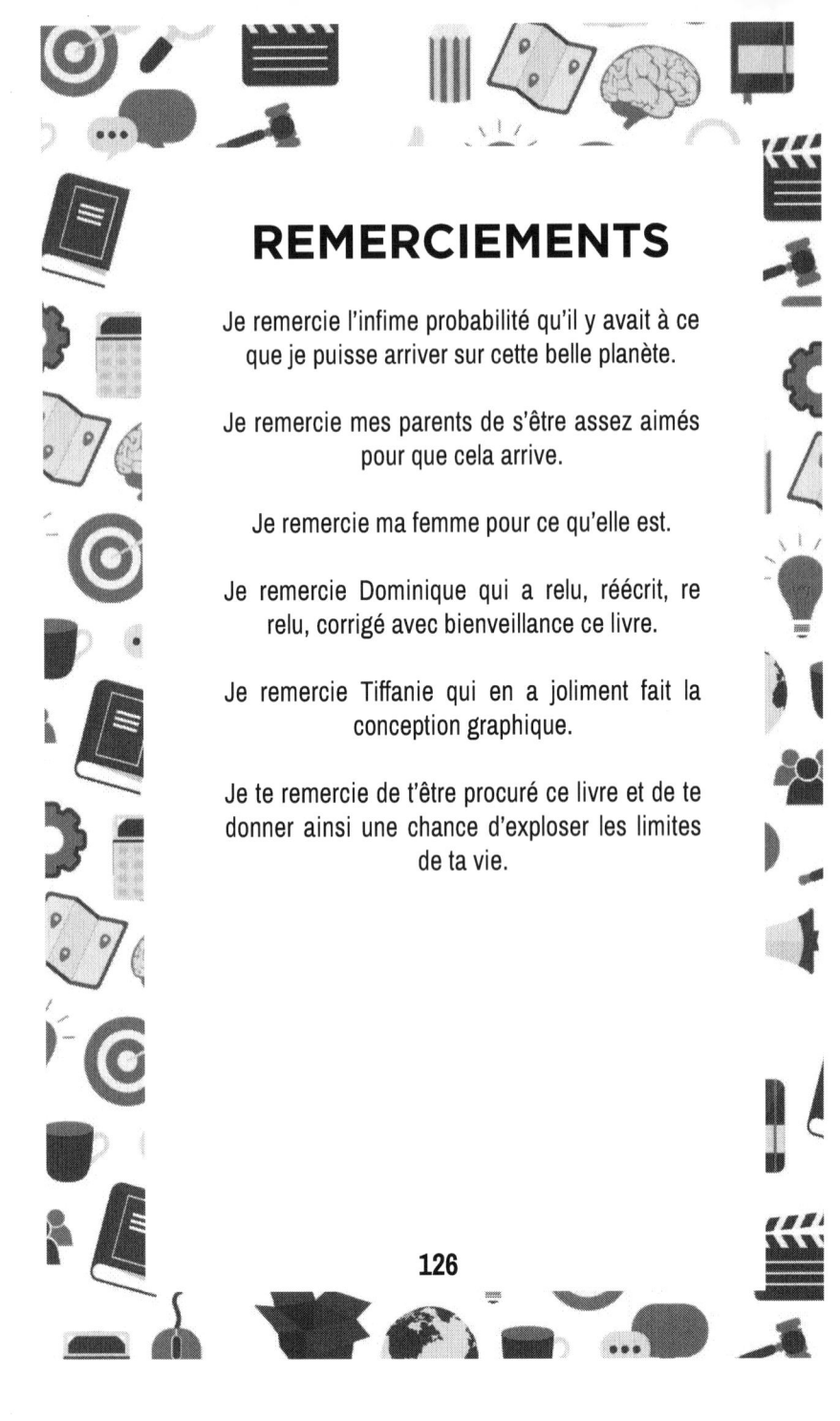

Je remercie l'infime probabilité qu'il y avait à ce que je puisse arriver sur cette belle planète.

Je remercie mes parents de s'être assez aimés pour que cela arrive.

Je remercie ma femme pour ce qu'elle est.

Je remercie Dominique qui a relu, réécrit, re relu, corrigé avec bienveillance ce livre.

Je remercie Tiffanie qui en a joliment fait la conception graphique.

Je te remercie de t'être procuré ce livre et de te donner ainsi une chance d'exploser les limites de ta vie.

Printed in Great Britain
by Amazon